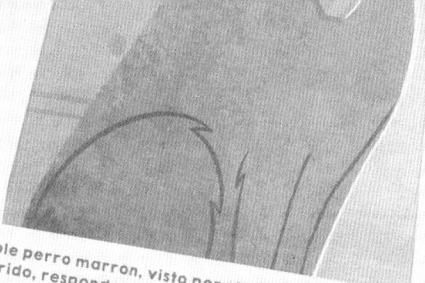

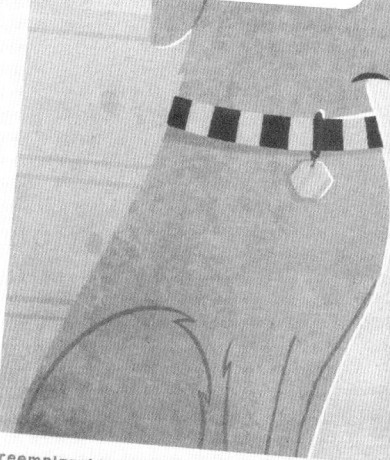

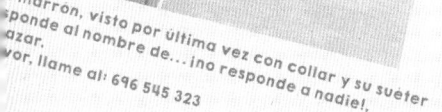

Para mi hermosa familia: no hay como
el hogar y unos buenos mimos en la cabeza.
K. G.

Para mi hermana Brittany,
la mamá de perros más cariñosa que conozco.
S. H.

No estoy perdido
Kashelle Gourley y Skylar Hogan
Título original: *I'm not missing*

De la edición en español:
Coordinación editorial: Florencia Carrizo
Edición: Camila Ponturo
Traducción: Cristina M. Paoloni
Corrección: Gustavo Wolovelsky y Belén Cabal
Diagramación: Pablo Ayala

Primera edición.

Catapulta

C/ Casanova, Num. 226
Planta ppl, puerta 4
08036 Barcelona
info@catapulta.net
catapulta.net

ISBN 978-84-19987-05-1

Impreso en China en octubre de 2023.

Text copyright © 2022 by Kashelle Gourley
Illustrations copyright © 2022 by Skylar Hogan
© 2023, Catapulta Editores S. L.

NO ESTOY PERDIDO

TEXTOS
KASHELLE GOURLEY

ARTE
SKYLAR HOGAN

Catapulta
junior

¡CHIST!

He visto que estabais mirando
el cartel de perro perdido...

¿Os cuento algo?
No está perdido. ¿Que cómo lo sé?

Sip, ese muchacho apuesto
que está ahí soy yo.

Bueno, mi antiguo yo...
antes de que finalmente
decidiera liberarme.

Veréis, yo antes vivía en una casa y os confieso que pasaba una VIDA DE PERROS.

Los humanos no se dan cuenta de lo
estresante que es la vida de una mascota.
Tenemos que esforzarnos al máximo
para cumplir todas las órdenes.

Tratar siempre de ser
un buen chico, ¡el *mejor*!
Es agotador... ¡hasta
humillante, se podría decir!

Los premios,
por ejemplo.

Para ganármelos, tengo que...

dar la vuelta,

dar la pata

o bailar.

Admito que durante
un tiempo fue divertido...

Hasta que me di cuenta de que la única diferencia
entre los animales de circo y yo era que ellos, al menos,
tenían la ventaja de que un público entusiasta aplaudía
su increíble despliegue de talento.

Y esos "adorables" disfraces que me obligaban a usar tampoco ayudaban.

Y también una vez me hicieron
usar el cono de la vergüenza...
¡Esa cosa era una tortura!

Necesitaba rascarme ciertos lugares.

Y bueno, situaciones desesperadas requieren
medidas desesperadas.

MUCHO MÁS
SALUDABLE

QUE TU PERRO

¿Y la vez que el veterinario
me dijo que tenía sobrepeso?

Me encantaba mi cuerpecito,
de verdad, pero no les importó.
¡Inmediatamente
me impusieron una dieta
a base de alimentos crudos
que entraban tan rápido
como salían!

MOSCARDÓN

Ese jardín nunca volverá a ser el mismo,
de eso no hay duda.

Lo que me recuerda el tema de la privacidad. No tenía absolutamente *ninguna*.

¿A vosotros os gustaría que la gente os viera hacer caca?

¡SIEMPRE!

¡SIEMPRE!

¡SIEMPRE!

así que puse punto final.

¡Miradme ahora!
Soy un LOBO SOLITARIO.
¡Mis días de perro se han acabado!

Voy desnudo,

como lo que
me da la gana,

hago caca en paz.

¡UN SUEÑO HECHO REALIDAD!

Vale, no todo ha sido un camino de rosas.

Pero no cambiaría ni un...
¡Esperad! ¿Esa no es...?

¡Ey! ¡A mí no me dejaban comer eso!

Mmm... pensaba que eso solo lo hacía conmigo...

Pfff, a mí me sale *muchísimo* mejor.
Un momento... ¡¿ese es... CHEWIE?!
¡No hace tanto tiempo que me fui!

¡GUAU! Sabes que
ese es *mi* lugar
favorito.

Bueno, hay alguien que claramente ha seguido adelante
con su vida... O sea, yo también, por supuesto.
Hace *muuuuucho* tiempo, así que me alegro por ella.

¡AJÁ! ¡Claro, solo
lo estaba cuidando!

Se le notaba algo en la mirada...
Podría asegurar que realmente
me ha echado de menos.

¿Sabéis? Tal vez *debería* ir a ver cómo está.
Solo para asegurarme de que está bien.

Además, será bueno reencontrarnos...
y verla...
y olerla.
Y quizás que me rasque
un poco las orejas.
Soy su mejor amigo,
sería egoísta por mi parte
no hacerlo, ¿no?

¿Y QUÉ? Sigo siendo un lobo solitario.
Además, en las relaciones siempre hay que ceder.

Y, a veces, lo mejor es aceptar las cosas como son y dormir tranquilo.

PERDIDO

PERDIDO

PERDIDO

PERDIDO

PERD

PERDI

Irreemplazable perro marron, visto por
de lana preferido, responde al nombre d
peso: mucho para abrazar.
Si lo encuentra, por favor, llame al: 696